Besarion Chakhvadze
George Chakhvadze

O impacto do Tribunal Europeu dos Direitos do Homem no direito médico

AF294485

Besarion Chakhvadze
George Chakhvadze

O impacto do Tribunal Europeu dos Direitos do Homem no direito médico

ScienciaScripts

Imprint
Any brand names and product names mentioned in this book are subject to trademark, brand or patent protection and are trademarks or registered trademarks of their respective holders. The use of brand names, product names, common names, trade names, product descriptions etc. even without a particular marking in this work is in no way to be construed to mean that such names may be regarded as unrestricted in respect of trademark and brand protection legislation and could thus be used by anyone.

Cover image: www.ingimage.com

This book is a translation from the original published under ISBN 978-620-2-02427-3.

Publisher:
Sciencia Scripts
is a trademark of
Dodo Books Indian Ocean Ltd. and OmniScriptum S.R.L publishing group

120 High Road, East Finchley, London, N2 9ED, United Kingdom
Str. Armeneasca 28/1, office 1, Chisinau MD-2012, Republic of Moldova, Europe
Printed at: see last page
ISBN: 978-620-7-75530-1

Capítulo 1: Aspectos médicos e jurídicos das decisões do Tribunal Europeu dos Direitos do Homem

RESUMO

A Convenção Europeia dos Direitos do Homem é um documento que protege os direitos humanos e as liberdades fundamentais dos indivíduos, e o Tribunal Europeu dos Direitos do Homem e a sua jurisprudência fazem de uma convenção um instrumento poderoso para enfrentar os novos desafios da modernidade e para proteger os princípios do Estado de direito e da democracia. Isto é particularmente importante para as jovens democracias, incluindo a Geórgia. Tanto mais que a Geórgia aderiu a esta convenção.

O artigo 3º da Convenção diz respeito à tortura, aos tratamentos desumanos e degradantes, enquanto o artigo 8º diz respeito à vida privada, ao domicílio e à correspondência. Ao mesmo tempo, a prática internacional do Tribunal Europeu dos Direitos do Homem mostra que estes artigos são frequentemente aplicados em relação aos direitos médicos. O artigo destaca os casos mais recentes e interessantes da jurisprudência do TEDH em que os tribunais baseiam as suas conclusões exclusivamente na Convenção Europeia dos Direitos do Homem. Na maioria dos casos, o Tribunal Europeu dos Direitos do Homem aplica o princípio da democracia no que respeita aos direitos médicos. O Tribunal Europeu dos Direitos do Homem considera que os direitos médicos são direitos moralmente sustentados. Em particular, o Tribunal Europeu dos Direitos do Homem reconhece sempre uma dimensão ética a estes direitos. Na maioria dos casos, independentemente do facto de o requerente ser uma pessoa livre ou um recluso, o Tribunal Europeu dos Direitos do Homem toma as suas decisões com base nos direitos humanos e nas liberdades fundamentais do indivíduo.

Palavras-chave: Direitos médicos; Convenção Europeia dos Direitos do Homem; Tribunal Europeu dos Direitos do Homem; consentimento informado; grau mínimo de gravidade.

Introdução

A Convenção Europeia dos Direitos do Homem é o documento jurídico mais importante em matéria de direitos e liberdades fundamentais do Homem. Trata-se de um documento abrangente e universal que, apesar do seu carácter lacónico, contém disposições de grande alcance. O seu contexto é bastante vasto e aborda, entre outras coisas, toda uma série dos chamados "direitos médicos", tais como a disponibilidade de cuidados médicos e a sua oportunidade, incluindo tratamentos especializados e investigação médica, o consentimento informado para procedimentos médicos e os seus resultados, etc. Além disso, o Tribunal Europeu dos Direitos do Homem afirma, no processo **Sunday Times contra Reino Unido,** *que Na opinião do Tribunal, a expressão "prescrito por lei" implica, entre outros, os seguintes requisitos. Em primeiro lugar, a lei deve ser razoavelmente acessível: O cidadão deve poder obter uma indicação, adequada às circunstâncias, das regras jurídicas aplicáveis a um caso concreto. Em segundo lugar, uma norma só pode ser considerada "lei" se for formulada com precisão suficiente para permitir ao cidadão regular o seu comportamento: Este deve poder, se necessário com os conselhos adequados, prever as consequências **que** um determinado ato pode acarretar num grau adequado às circunstâncias. Estas consequências não têm de ser previsíveis com certeza absoluta: a experiência mostra que tal é inatingível. Mais uma vez, embora a certeza seja altamente desejável, pode também conduzir a uma rigidez excessiva e a lei deve ser capaz de acompanhar a evolução das circunstâncias. Por conseguinte, muitas leis são inevitavelmente redigidas em termos mais ou menos vagos, cuja interpretação e aplicação é uma questão de prática "*[1].

Material e métodos.

Analisámos os vários casos apresentados ao Tribunal Europeu dos Direitos do Homem por cidadãos de diferentes países em relação a vários direitos médicos. Analisámos a natureza destas queixas, as decisões do tribunal sobre estes casos e os fundamentos jurídicos em que o tribunal baseia as suas decisões.

Artigo 8.º da Convenção Europeia dos Direitos do Homem - Panorama geral

O artigo 8º da Convenção Europeia dos Direitos do Homem prevê o seguinte "*1 Toda a pessoa tem direito ao respeito da sua vida privada e familiar, do seu domicílio e da sua correspondência. 2 No exercício deste direito, a ingerência da autoridade pública limitar-se-á à ingerência* *prevista na lei e que seja necessária, numa sociedade democrática, no interesse da segurança nacional, da segurança pública ou do bem-estar económico do país, para a prevenção da desordem ou da criminalidade, para a proteção da saúde ou da moral, ou para a proteção dos direitos e liberdades de outrem.*[1][2]

O artigo 8.º da Convenção protege a vida privada, o domicílio e a correspondência de uma pessoa. Além disso, o conteúdo do artigo 8.º é mais vasto e refere-se, nomeadamente, a um certo número dos chamados "direitos médicos". É de notar que a Convenção é um instrumento vivo que deve ser interpretado de acordo com as exigências modernas e a evolução do direito.[3]

Os direitos previstos no artigo 8º da Convenção não são absolutos. Podem ser restringidos se estiverem reunidas 3 condições cumulativas: 1) **A restrição deve estar prevista na lei**. Neste caso, não é suficiente cumprir os requisitos formais da lei. O requisito diz respeito ao conteúdo da própria lei. Por conseguinte, a lei deve ser de elevada qualidade. Deve regular em pormenor as condições da restrição. Ou seja, em que condições e por quem pode ser aplicada a medida restritiva. É regra geral que as restrições devem ser específicas e devem ser explicadas a uma pessoa através de uma linguagem simples, clara e não técnica. 2) **A restrição deve ter um objetivo legítimo** - ... "no interesse da segurança nacional, da segurança pública ou do bem-estar económico do país, para a prevenção da desordem ou da criminalidade, para a proteção da saúde ou da moral, ou para a proteção dos direitos e liberdades de outrem". 3) **A restrição deve ser necessária numa sociedade democrática**. O Tribunal Europeu dos Direitos do Homem explica o conceito de sociedade democrática com base em dois elementos: 1) **tolerância**; 2) **um amplo campo de visão**. A restrição só pode ser imposta se existir *uma necessidade social premente*". Neste contexto, o Tribunal afirma que *os Estados contratantes dispõem de **uma margem de apreciação** para avaliar a existência dessa necessidade, mas que esta é acompanhada de um controlo europeu, que abrange tanto a legislação como as decisões*

---

[1] The Sunday Times contra o Reino Unido. TEDH 1979; n.º 49.
[2] A Convenção Europeia dos Direitos do Homem. Artigo 8.
[3] Pieter Van Dijk, G. J. H. Van (Godefridus J. H.) Hoof, G. J. H. Van Hoof, A. W. Heringa, Theory & Practice of the European Convention on Human Rights (3ª ed., Kluwer Law International 1998) 77; isto significa que a Convenção "evolui" através da interpretação do Tribunal: ver Luzius-Wildhaber, "The European Court of Human Rights in Action" (2004) 21 Ritsumeikan Law Review 83,84.

que a aplicam, mesmo que tenham sido proferidas por um tribunal independente.

No entender do Tribunal Europeu dos Direitos do Homem, as autoridades estatais são mais competentes do que o próprio tribunal para tratar de questões de facto. Mais concretamente, o artigo 32° da Convenção estabelece que: "A competência do Tribunal abrange todas as questões relativas à interpretação e aplicação da Convenção e dos seus Protocolos que lhe sejam submetidas em conformidade com os artigos 33°, 34°, 46° e 47°.[4][5]

RR v. Polónia. A queixosa era uma mulher que tinha o direito de abortar ao abrigo da legislação nacional. No entanto, não pôde exercer esse direito porque os médicos e hospitais polacos se recusaram a efetuar um teste genético. Os médicos afirmaram que a queixosa não cumpria os requisitos legais. É de salientar que as leis e regulamentos polacos eram fracos e inadequados, impondo requisitos rigorosos às pessoas que desejavam interromper uma gravidez. Por fim, a queixosa deu à luz uma criança com síndroma de Turner. O pedido da queixosa para instaurar um processo penal contra o médico foi rejeitado. Em 2011, o tribunal considerou que a Polónia violava os artigos 3.° e 8. O tribunal considerou que tinha sido negado a uma mulher o acesso a testes genéticos "que lhe teriam permitido decidir se queria ou não fazer um aborto legal na Polónia".[6]

Do mesmo modo, no processo **VC v. Eslováquia,** o tribunal considerou que existia uma violação do artigo 8° da Convenção. Em particular, o tribunal considerou que o procedimento médico foi efectuado sem o consentimento informado da requerente. Ou seja, a mulher não tinha compreendido a natureza do procedimento médico e as suas implicações. De facto, a requerente não teve outra opção senão consentir num procedimento médico. O tribunal considerou que o consentimento informado da mulher era necessário para garantir a sua autonomia física e moral. O tribunal considerou igualmente que a esterilização violava a integridade física de uma pessoa, uma vez que a intervenção foi efectuada quando a rapariga tinha apenas 20 anos e a vida reprodutiva tinha começado. Consequentemente, as

---

[4] Dudgeon v. Reino Unido. TEDH 1981; n.° 52.
[5] A Convenção Europeia dos Direitos do Homem. Artigo 8.
[6] RR. contra a Polónia. TEDH. 2011.

acções dos médicos causaram problemas psicológicos e sociais à rapariga. O acórdão no processo VC contra a Eslováquia é o primeiro do género a ser proferido pelo Tribunal Europeu dos Direitos do Homem, mas estão já pendentes vários processos semelhantes. Estes casos podem ter um grande impacto na vida das mulheres que foram privadas da sua fertilidade. Espera-se que o reconhecimento da esterilização forçada como uma grave violação dos direitos humanos pelo Tribunal traga alguma justiça às vítimas, como é o caso da VC. Uma decisão judicial de discriminação enviaria um sinal claro de que os governos não podem continuar a utilizar estereótipos racistas para defender abusos disfarçados de medicina.[7]

A.S. v. Hungria Uma mulher romana de ascendência húngara foi submetida a uma operação de cesariana. Os médicos do hospital pediram-lhe que assinasse um formulário de consentimento para a operação enquanto ela estava deitada na mesa de operações. Os registos médicos confirmam que a queixosa se encontrava em mau estado de saúde no momento em que assinou o formulário e que não estava em condições de exprimir a sua vontade. A terminologia latina utilizada no documento que continha o consentimento da pessoa também não era clara para a queixosa. Só depois da operação é que a queixosa compreendeu que estava a ser submetida a um procedimento de esterilização, perdendo assim a sua capacidade reprodutiva. Neste caso, a requerente alegou, com base nos artigos 10º e 12º da Convenção, que o pessoal médico não a tinha informado pormenorizadamente sobre a natureza do procedimento médico, os seus riscos e possíveis consequências. O Comité para a Eliminação da Discriminação contra as Mulheres (CEDAW) constatou as seguintes violações: 1) o direito à informação sobre o planeamento familiar; 2) o consentimento informado da pessoa para os procedimentos médicos; 3) o direito à informação sobre os serviços médicos.

A comissão adoptou uma recomendação na qual instava o Estado a indemnizar o requerente. Com base na recomendação, o requerente recebeu finalmente uma indemnização adequada do Estado em fevereiro de 2009.[8]

---

[7] VCv. Eslováquia. TEDH. 2011.

[8] A.S. v. Hungria. TEDH. 2011.

Os "direitos médicos" enquanto direitos democráticos na prática do Tribunal Europeu dos Direitos do Homem à luz do artigo 3º da Convenção Europeia dos Direitos do Homem

O artigo 3º da Convenção abrange um vasto leque de direitos. A distinção entre estes direitos é útil para determinar o montante total da indemnização pela sua violação.[9]

O Tribunal Europeu dos Direitos do Homem utiliza constantemente os termos "democracia" e "sociedade democrática" em ligação com os direitos humanos e as liberdades fundamentais. No **processo Handyside,** o Tribunal afirma: "A liberdade de expressão é um dos fundamentos essenciais de uma tal sociedade, uma das condições básicas para o seu progresso e para o desenvolvimento de cada ser humano. Sob reserva [de restrições legítimas], aplica-se não só às "informações" ou "ideias" que são favoravelmente recebidas ou consideradas inofensivas ou indiferentes, mas também às que ofendem, chocam ou perturbam o Estado ou qualquer sector da população. São estas as exigências do pluralismo, da tolerância e da abertura de espírito, sem as quais não pode existir uma "sociedade democrática". Isto significa, entre outras coisas, que qualquer "formalidade", "condição", "restrição" ou "sanção" imposta neste domínio deve ser proporcional ao objetivo legítimo prosseguido".[10]

O Tribunal vai muito mais longe e coloca o princípio democrático da proteção dos direitos humanos acima do requisito formal de perseguir os infractores. Este facto é particularmente evidente nos casos relacionados com o artigo 3º da Convenção Europeia dos Direitos do Homem.

A prática judicial do Tribunal Europeu dos Direitos do Homem mostra que, apesar do seu carácter compacto, a Convenção é um documento abrangente com um vasto âmbito de regulamentação. **O artigo 3º** da Convenção proíbe a tortura e os tratamentos desumanos e degradantes. A análise da prática judicial do Tribunal mostra que este artigo impõe aos Estados obrigações específicas e negativas em relação às pessoas detidas e presas. O tratamento dessas pessoas deve exceder o *nível mínimo de severidade para ser abrangido* pelo artigo 3º da Convenção. Em cada situação individual, o

---

[9] Tsirilis e Kouloumpas contra Grécia. TEDH 1997.
[10] Handyside v. Reino Unido. TEDH 1976, ponto 49.

tribunal tem em conta factores como a duração do tratamento, os seus efeitos físicos e psicológicos, o sexo, a idade e outros factores. Considera-se geralmente que a tortura tem um objetivo específico e que ocorre sob formas mais graves do que o tratamento desumano. No contexto do artigo 3.º da Convenção, os Estados Partes são obrigados a: 1) proteger os direitos e liberdades das pessoas presas ou detidas; 2) prestar-lhes cuidados médicos adequados, se necessário.[11]

No **processo grego,** a Comissão Europeia dos Direitos do Homem define o conceito de tortura, tratamento desumano ou degradante. O Tribunal afirma: "É evidente que pode haver tratamentos aos quais se aplicam todas estas descrições", porque qualquer tortura deve ser um tratamento desumano e degradante, e o tratamento desumano é também degradante. O conceito de tratamento desumano inclui, pelo menos, o tratamento que provoca intencionalmente um sofrimento mental ou físico grave que não pode ser justificado numa situação específica. A palavra "tortura" é frequentemente utilizada para descrever um tratamento desumano que tem um objetivo específico, como a obtenção de informações ou confissões ou a imposição de castigo, e é geralmente uma forma agravada de tratamento desumano. O tratamento ou castigo de uma pessoa pode ser descrito como degradante se a humilhar grosseiramente perante os outros ou a levar a agir contra a sua vontade ou consciência.[12]

Neste caso, verificou-se também que os tratamentos desumanos e degradantes podem ser distinguidos por um limiar de gravidade.[13]

O artigo 3º da Convenção tem um carácter absoluto. Os direitos consagrados no artigo 3º não estão sujeitos a excepções ou derrogações. No processo **Irlanda contra Reino Unido,** o Tribunal Europeu dos Direitos do Homem declarou que: "A Convenção proíbe de forma absoluta a tortura e as penas ou tratamentos desumanos e degradantes, independentemente do comportamento da vítima. Contrariamente à maioria das disposições substantivas da Convenção e dos Protocolos nºs 1 e 4, o artigo 3º não prevê

---

[11] A proibição da tortura. Um guia para a aplicação do artigo 3º da Convenção Europeia dos Direitos do Homem. Human Rights Handbooks, No. 6; 7-15.

[12] O caso da Grécia. ECTHR. 1969, parágrafo 186.

[13] Long D. Guide to Jurisprudence on Torture and Ill-treatment (Guia da Jurisprudência sobre Tortura e Maus-Tratos). Artigo 3º da Convenção Europeia para a Proteção dos Direitos do Homem. Genebra: 2002;17.

excepções, pelo que o nº 2 do artigo 15º não permite derrogações, mesmo em caso de emergência pública que ameace a vida da nação.[14] A Comissão considerou que "no mínimo, um tratamento que provoque intencionalmente um sofrimento mental ou físico grave não pode ser justificado numa situação específica".[15]

O tratamento degradante implica, por si só, uma humilhação grave. No processo **East African Asians contra Reino Unido,** o tribunal **explicou** as características do tratamento degradante do seguinte modo O objetivo geral desta disposição é evitar interferências particularmente graves na dignidade humana. Daqui decorre que um ato que degrada uma pessoa no seu estatuto, posição, reputação ou carácter só pode ser considerado como "tratamento degradante" na aceção do artigo 3.[16] O Tribunal afirma que este "depende de todas as circunstâncias do caso, tais como a duração do tratamento, os seus efeitos físicos e psicológicos e, nalguns casos, o sexo, a idade e o estado de saúde da vítima".[17]

Logvinenko c. Ucrânia. O Sr. Logvinenko está a cumprir uma pena de prisão perpétua. É portador de VIH e sofre de tuberculose, bronquite, pneumonia e hepatite. Queixou-se de não ter recebido tratamento antissida e de não ter "recebido" a análise de sangue para determinar se necessitava de terapia antiviral antissida. Neste caso, o tribunal considerou que Logvinenko foi vítima de tratamento desumano e degradante, da falta de supervisão médica completa, da falta de tratamento da tuberculose e da SIDA e das más condições em que cumpriu a pena.[18]

Xiros contra Grécia . Savas Xiros está a cumprir uma pena de prisão por envolvimento numa organização terrorista. Foi gravemente ferido durante o atentado terrorista de 2002, quando a bomba explodiu nas suas mãos. Apesar de ter sido submetido a várias operações aos olhos, a sua visão deteriorou-se. Em 2006, solicitou a suspensão da sua pena para poder receber tratamento numa clínica especializada. Três dos quatro peritos que o examinaram recomendaram a sua transferência para o hospital, mas o seu pedido foi rejeitado pelos tribunais gregos.

---

[14] Irlandav. REINO UNIDO. TEDH 1978, parágrafos 162, 163.

[15] O caso da Grécia. ECTHR. 1969, parágrafo 186.

[16] East African Asians v. Reino Unido, CEDH 1973.

[17] Irlandav. REINO UNIDO. TEDH 1978, parágrafos 162, 163.

[18] Logvinenko c. Ucrânia. TEDH 2011.

O tribunal considerou que existia uma violação do artigo 3º da Convenção. Considerou que as autoridades nacionais eram obrigadas a nomear peritos adicionais para decidir sobre a transferência do requerente para um hospital especializado. Esta opinião foi confirmada pelo facto de, de acordo com várias estimativas, o nível de cuidados médicos nas prisões onde o requerente cumpria a sua pena ser significativamente inferior ao nível fornecido pelo hospital especializado.[19]

Raffrey Taddei contra França. Raffrey Taddei foi preso na cidade francesa de Rennes e sofria de certas doenças, nomeadamente de anorexia. O requerente alegou que não foi libertado da prisão para receber cuidados médicos adequados ao seu estado de saúde. O Tribunal constatou uma violação do artigo 3º da Convenção Europeia dos Direitos do Homem. da Convenção Europeia dos Direitos do Homem. Em particular, considerou que as autoridades estatais eram obrigadas a ter em conta as necessidades do requerente devido ao seu estado de saúde e a transferi-lo para um centro médico especializado. A incerteza quanto à decisão colocou o requerente numa situação perigosa e causou-lhe um grave sentimento de stress.[20]

Khudobin v. Rússia . O detido era seropositivo e sofria de várias doenças crónicas, incluindo epilepsia, hepatite viral e certas doenças mentais.

Durante o período de um ano de prisão preventiva, contraiu várias doenças graves, nomeadamente sarampo, bronquite e pneumonia aguda. No entanto, o pedido do pai do detido para que fosse efectuado um exame médico completo ao requerente foi indeferido.
O tribunal constatou uma violação do artigo 3.º da Convenção, uma vez que o requerente não foi objeto de um exame médico completo. O tribunal considerou que o requerente era seropositivo e sofria de uma doença mental grave e que a falta de um exame médico independente lhe causou um forte sentimento de insegurança. Considerou também que os cuidados médicos nas prisões nem sempre estão ao nível dos hospitais civis e que o Estado tem a obrigação positiva de proteger adequadamente a saúde e o bem-estar dos detidos.[21]

Kudla v. Polónia. O queixoso foi acusado de fraude e falsificação e foi

---

[19] Xiros v. Grécia. TEDH. 2010.
[20] Raffrey Taddei c. França. TEDH 2010.
[21] Khudobinv. Rússia. EctHR. 2006.

colocado em prisão preventiva. Como o queixoso informou o Ministério Público de que sofria de várias doenças, nomeadamente de depressão, o Governo ordenou um exame médico ao queixoso. O exame concluiu arbitrariamente que o estado de saúde do queixoso permitia a sua detenção. O queixoso alegou que não tinha recebido tratamento adequado no domínio da saúde mental durante a sua detenção; a duração da detenção foi excessivamente longa; e a audiência não foi realizada num prazo razoável. Uma pessoa esteve detida durante mais de 4 anos. Durante esse período, tentou suicidar-se duas vezes. Invocando o artigo 3.º da Convenção, queixou-se da forma inadequada dos cuidados psiquiátricos.

O tribunal decidiu que a tentativa de suicídio do queixoso não podia ser associada a qualquer negligência manifesta por parte das autoridades estatais. Ficou provado que o Sr. Kudla foi examinado por um médico e recebeu cuidados psiquiátricos regulares. Por conseguinte, o Tribunal não encontrou qualquer violação do artigo 3. O Tribunal declarou que sempre salientou que o sofrimento e a humilhação em cada caso devem ir além do elemento inevitável de sofrimento ou humilhação associado a uma forma particular de tratamento ou punição legal.[22] O Tribunal considera, por conseguinte, que o tratamento não atingiu o nível mínimo de severidade na aceção do artigo 3º da Convenção. O requerente foi examinado por um psiquiatra pelo menos uma vez por mês.[23]

Resultados e sua discussão. Como vimos, o tribunal protege resolutamente os direitos humanos e as liberdades fundamentais dos indivíduos e reconhece a supremacia dos direitos humanos e das liberdades. Embora a maior parte dos queixosos sejam criminosos condenados por vários crimes, alguns mesmo graves, o tribunal decide sistematicamente a seu favor para garantir o respeito estrito da proteção dos direitos humanos e das liberdades fundamentais.

---

[22] Kudla v. Polónia. TEDH 2000; n.º 92.
[23] Sínteses do Tribunal de Justiça das Comunidades Europeias. Casos de deficiência mental decididos pelo Tribunal dos Direitos do Homem. Mental Disability Advocacy Centre 2007; 45.

Referências:

1. A.S. v. Hungria. ECTHR2004.

2. Dudgeon v. Reino Unido. TEDH 1981; n.º 52.

3. Convenção Europeia dos Direitos do Homem. Artigo 8.º; Artigo 32.

4. East African Asians v. Reino Unido, CEDH 1973.

5. Handyside v. Reino Unido. TEDH 1976, ponto 49.

6. Irlanda v. Reino Unido. TEDH 1978, parágrafos 162, 163.

7. Khudobin v. Rússia. TEDH 2006.

8. Kudla v. Polónia. TEDH 2000; n.º 92.

9. Logvinenko c. Ucrânia. TEDH 2011.

10. Long D. Guide to jurisprudence on Torture and Ill-treatment. Artigo 3º da Convenção Europeia para a Proteção dos Direitos do Homem. Genebra: 2002;17.

11. Pieter Van Dijk, G. J. H. Van (Godefridus J. H.) Hoof, G. J. H. Van Hoof, A. W. Heringa, Theory & Practice of the European Convention on Human Rights (3ª ed., Kluwer Law International 1998) 77; isto significa que a Convenção "evolui" através da interpretação do Tribunal: ver Luzius-Wildhaber, "The European Court of Human Rights in Action" (2004) 21 Ritsumeikan Law Review 83,84.

12. Raffrey Taddei c. França. TEDH 2010.

13. RR v Polónia. ECTHR2011.

14. Sínteses dos acórdãos do Tribunal de Justiça das Comunidades Europeias. Casos de deficiência mental decididos pelo Tribunal dos Direitos do Homem. Mental Disability Advocacy Centre 2007; 45.

15. The Sunday Times contra o Reino Unido. TEDH 1979; n.º 49.

16. A proibição da tortura. Um guia para a aplicação do artigo 3º da Convenção Europeia dos Direitos do Homem. Human Rights Handbooks, No. 6; 7-15.

17. O caso grego. 1969; 186.

18. O Tribunal oferece proteção às pessoas com deficiência que se encontram em regime de detenção (Jasinskis contra Letónia e Raffray Taddei contra Letónia).

França)".https://strasbourgobservers.com/2011/01/04/the-court-offers-protection-to- those-who-have-a-disability-and-are-in-detention-jasinskis-v-latvia-raffray-taddei-v- france/#more-784

19. Tsirilis e Kouloumpas contra Grécia. TEDH 1997.

20. VC v. Eslováquia. TEDH 2011.

21. Xiros v. Grécia. ECTHR 2010.

Capítulo 2 A evolução do conceito de consentimento informado do doente

RESUMO

A Convenção Europeia dos Direitos do Homem é o documento jurídico mais importante em matéria de direitos e liberdades fundamentais do Homem. Trata-se de um documento abrangente e universal que, apesar do seu carácter lacónico, contém disposições de grande alcance. O seu contexto é bastante amplo e trata, entre outras coisas, de toda uma gama dos chamados "direitos médicos", tais como a disponibilidade de cuidados médicos e a sua oportunidade, incluindo tratamentos especializados e investigação médica, o consentimento informado para procedimentos médicos e respectivos resultados, etc. O artigo apresenta uma panorâmica da história do conceito de consentimento informado à luz de vários casos da prática de diferentes Estados. Em seguida, analisa o artigo 8.º da Convenção Europeia dos Direitos do Homem e a jurisprudência do Tribunal Europeu dos Direitos do Homem em relação ao consentimento esclarecido para intervenções médicas. da Convenção engloba o direito de não ser objeto de tratamento ou exame médico não consentido, afirmando que "uma intervenção médica obrigatória, mesmo que de menor importância" e a imposição de um exame médico constituem uma ingerência no direito à vida privada. É demonstrado que a CEDH é um instrumento poderoso para proteger os direitos médicos dos pacientes e para garantir o seu consentimento esclarecido em relação a vários procedimentos médicos.

Introdução

A questão do consentimento informado para intervenções médicas é a questão central no que respeita aos direitos médicos dos doentes. O consentimento informado voluntário do paciente é uma condição prévia necessária para qualquer intervenção médica. [516,17,18]Na maior parte dos casos médicos, há erros no procedimento de obtenção do consentimento informado". [1]**Do ponto de vista jurídico, o consentimento informado é o acordo voluntário do doente em relação a um tratamento médico proposto, com base em informações completas, objectivas e abrangentes sobre o tratamento, as suas possíveis complicações e as terapias**

alternativas.

A exigência de obter o consentimento do doente para uma intervenção médica foi formulada em Inglaterra no século XVIII.

Em 1900, o Ministério da Saúde alemão estipulou que os hospitais universitários só podiam efetuar experiências médicas em seres humanos com o seu consentimento escrito e a autorização das autoridades sanitárias. Era proibido efetuar experiências médicas em pacientes que não estivessem informados sobre os procedimentos médicos.

Cronologicamente, o primeiro caso a abordar a questão do consentimento informado foi ***o caso Modlinsky***. Durante uma operação a uma rapariga de 18 anos, o Dr. Modlinsky retirou também um tumor quístico de que nem a doente nem os seus pais tinham conhecimento. A doente morreu em consequência das complicações pós-operatórias. Em 15 de novembro de 1901, o Tribunal Distrital de Moscovo condenou Modlinsky com base no artigo 1468° do Código Penal russo por intervenção cirúrgica sem o consentimento da paciente. Embora o documento supracitado não fizesse qualquer referência ao consentimento do doente, em 19 de novembro de 1902, o Tribunal de Recurso do Senado russo confirmou a decisão do tribunal de primeira instância, com o fundamento de que "a não obtenção do consentimento do doente para uma operação priva a medicina do seu carácter legal e constitui um sinal de negligência manifesta que confere ao ato do médico o estatuto de infração penal".

No ***caso*** Rauhfus, o Professor K.A. Rauhfus efectuou uma traqueotomia a uma criança e deu instruções ao assistente para conter os pais que se opunham à operação. Como resultado, a criança ficou em segurança e os pais da criança ficaram sinceramente gratos ao professor. Este caso foi discutido na reunião da Sociedade de Direito de S. Petersburgo e o comportamento de K. A. Rauhfus foi classificado como um duplo crime: infligir danos corporais a uma criança e privar os pais da sua liberdade. K.A. Rauhfus respondeu a estas acusações dizendo que não tinha tido outra alternativa, uma vez que a criança teria morrido em breve sem esta operação.

[11]Nos Estados Unidos, a intervenção médica sem o consentimento do doente foi considerada uma agressão, tal como refletido no ***caso Schloendorff v. New York Hospital Company***. Neste caso, uma doente foi

submetida a uma intervenção cirúrgica contra a sua "vontade expressa e protestos veementes". [2]A paciente processou com êxito o cirurgião e o hospital, dando início a uma erosão previsível da atitude paternalista da medicina" . A decisão do juiz Cordazo reafirmou o *princípio da autonomia*. [11]O juiz declarou que "qualquer pessoa maior de idade e em sã consciência tem o direito de decidir o que fazer com o seu próprio corpo e que um cirurgião que efectua uma operação sem o consentimento do seu paciente comete uma lesão corporal pela qual é responsável por danos" .

[ndth]O conceito de consentimento informado desenvolveu-se na segunda metade do século XX. **O Código de Nuremberga estabeleceu** dez princípios básicos que eram obrigatórios para todos os que realizavam investigação em seres humanos. [4]O conceito de consentimento informado foi desenvolvido com base nestes princípios. O Código de Nuremberga estipula que *1. o consentimento voluntário do sujeito é essencial. Isto significa que o sujeito deve ser legalmente capaz de dar o seu consentimento; deve ser capaz de tomar uma decisão livre, sem qualquer elemento de força, fraude, engano, coação, abuso ou qualquer outra forma de coerção ou coação; e deve ter conhecimento e compreensão suficientes dos elementos do assunto em questão para tomar uma decisão informada. Este último requisito exige que o sujeito seja informado da natureza, duração e objetivo da experiência, do método e dos meios através dos quais será conduzida, de quaisquer desconfortos e perigos razoavelmente previsíveis e dos efeitos sobre a sua saúde ou pessoa que possam resultar da sua participação na experiência, antes de aceitar uma decisão favorável. O dever e a responsabilidade de estabelecer a qualidade do consentimento cabe a cada pessoa que inicia, dirige ou participa na experiência. [10]Trata-se de um dever e de uma responsabilidade pessoais que não podem ser impunemente delegados em terceiros".*

O conceito tornou-se o conceito de ***fiduciário em*** 1957, na sequência da decisão do Tribunal de Recurso do Distrito da Califórnia para o Primeiro Distrito em ***Salgo v. Leland Stanford, Jr. University***. [3]Nesse caso, "o queixoso, que ficou paraplégico após uma intervenção para tratar um problema circulatório, alegou que o seu médico não o informou atempadamente dos riscos materiais". Neste caso, o tribunal afirmou que: [12]*"Um médico viola o seu dever para com o seu paciente e incorre em* *responsabilidade se ocultar factos necessários como base para o consentimento razoável do paciente para o tratamento proposto".*

No processo ***Natansen v. Kline,*** o tribunal sublinhou as normas profissionais em matéria de divulgação de informações. Neste caso, o paciente alegou que não tinha sido adequadamente informado sobre os efeitos negativos da radioterapia com cobalto, que era um procedimento relativamente novo na altura. [6]No entanto, como o doente não apresentou qualquer testemunha especializada para provar que outros médicos tinham fornecido mais informações do que o médico arguido, o tribunal recusou-se a reforçar a responsabilidade.

Um aspeto importante do conceito de consentimento informado é o facto de a informação fornecida ao doente dever ser razoável, no sentido em que um "doente médio" deve ser capaz de a compreender (**conhecimento da informação**). A chamada **"abordagem do homem razoável"** foi adoptada em ***Canterbury v. Spence.*** Nesse processo, o tribunal definiu **dois padrões:** a) a *regra profissionalmente habitual* (processo Natanson v. Kline); b) a *regra centrada no doente.* **A decisão do tribunal é significativa neste contexto, porque representa um afastamento das normas profissionais relativas à divulgação de informações pelos médicos aos seus pacientes.** O tribunal considerou que "a exigência do direito de um doente à autodeterminação sobre uma determinada terapia requer um **padrão legalmente estabelecido para os médicos**, e não um **padrão que** os médicos podem ou não impor a si próprios". O tribunal vai muito mais longe, afirmando que: *... o consentimento genuíno para o que acontece a alguém é o exercício informado da escolha, e isso significa ter a oportunidade de fazer uma avaliação informada das opções disponíveis e dos riscos associados a cada opção.... é prerrogativa do paciente, e não do médico, determinar por si próprio a direção que os seus interesses parecem tomar".*[13] .

De um modo geral, pode dizer-se que a evolução da jurisprudência favoreceu o desenvolvimento do conceito de consentimento informado e que o processo de decisão se tornou mais centrado no doente. Como afirmou o Supremo Tribunal da Califórnia: *Partimos de vários postulados. O primeiro é o de que os pacientes são geralmente pessoas que não têm conhecimentos de ciências médicas e que os tribunais podem, portanto, presumir, exceto em casos raros, que os conhecimentos do paciente e do* *médico não são equivalentes. Em segundo lugar, uma pessoa adulta e mentalmente saudável tem o direito de exercer controlo sobre o seu próprio corpo para decidir se quer ou não submeter-se a um tratamento médico legal. Em terceiro lugar, para ser efetivo, o consentimento do paciente para o tratamento deve ser um consentimento informado. E, em quarto lugar, o doente, não instruído nas ciências médicas, confia e confia no seu médico para obter as informações em que se baseia durante o processo de tomada de decisão, criando uma obrigação para o médico que ultrapassa as transacções comerciais. As componentes axiomáticas acima referidas dão origem à necessidade e consequente exigência de que o médico comunique ao seu doente toda a informação relevante para um processo de tomada de decisão significativo (__Cobbs v Grant, 1972, p. 513__). 14.*

O consentimento informado e o TEDH

Artigo 8.º da Convenção Europeia dos Direitos do Homem - Panorama geral

O artigo 8º da Convenção Europeia dos Direitos do Homem prevê o seguinte "*1 Toda a pessoa tem direito ao respeito da sua vida privada e familiar, do seu domicílio e da sua correspondência. [9]2 No exercício deste direito, a ingerência da autoridade pública limitar-se-á à ingerência prevista na lei e que seja necessária, numa sociedade democrática, no interesse da segurança nacional, da segurança pública ou do bem-estar económico do país, para a prevenção da desordem ou da criminalidade, para a proteção da saúde ou da moral, ou para a proteção dos direitos e liberdades de outrem.*

O artigo 8.º da Convenção protege a vida privada, o domicílio e a correspondência de uma pessoa. Além disso, o conteúdo do artigo 8.º é mais vasto e refere-se, nomeadamente, a um certo número dos chamados "direitos médicos". [7]É de notar que a Convenção é um instrumento vivo que deve ser interpretado de acordo com as exigências modernas e a evolução do direito.

O artigo 8º da Convenção e o princípio do consentimento esclarecido

[8]Alguns académicos defendem que o artigo 8.º da Convenção abrange "o direito de não ser submetido a tratamentos ou exames médicos não consentidos" e consideram que "a intervenção médica obrigatória, mesmo que de menor importância" e a imposição de um exame médico constituem uma interferência no direito à vida privada . No processo ***Y.F. contra a Turquia,*** *o* Tribunal considerou que "o artigo 8.º é claramente aplicável a estas queixas, que dizem respeito a uma questão de 'vida privada', um conceito que engloba a integridade física e psicológica de uma pessoa" (ver *X e Y contra os Países Baixos*, acórdão de 26 de março de 1985, Série A n.º 91, p. 11, § 22). Neste contexto, reitera que o corpo de uma pessoa diz respeito ao aspeto mais íntimo da vida privada. [15]Por conseguinte, uma intervenção médica coerciva, mesmo que de menor importância, constitui uma ingerência nesse direito (ver *X contra Áustria*, n.º 8278/78, decisão da Comissão de 13 de dezembro de 1979, Decisões e Relatórios (DR) 18, p. 155, e *Acmanne e outros contra Bélgica*, n.º 10435/83, decisão da Comissão de 10 de dezembro de 1984, DR 40, p. 254)".

[7]Nalguns casos, o tribunal estabelece uma distinção entre diferentes categorias de pessoas no que diz respeito ao significado do consentimento informado para intervenções médicas. [7]No processo ***Pretty contra Reino Unido,*** *o tribunal* declarou que "a imposição de um tratamento médico sem o consentimento de um paciente adulto mentalmente competente interferiria com a integridade física da pessoa de uma forma suscetível de afetar os direitos protegidos pelo nº 1 do artigo 8º da Convenção". No processo ***M.A.K. e R.K. contra o Reino Unido,*** o tribunal considerou que os direitos de um menor tinham sido violados pela recolha de amostras de sangue e de fotografias sem o consentimento dos pais[7]

[7]**Além disso, o Tribunal sublinha a "importância do acesso à informação sobre os riscos para a saúde e conclui que, se ocorrer um risco previsível sem que o doente tenha sido previamente informado pelos médicos, e se estes trabalharem num hospital público, o Estado contratante em causa pode ser diretamente responsável, nos termos do artigo 8º, por esta falta de informação"** .

Jurisprudência do Tribunal Europeu dos Direitos do Homem

RR v. Polónia (2011). A recorrente era uma mulher que tinha direito a um aborto ao abrigo da legislação nacional. No entanto, não teve a oportunidade de exercer esse direito porque os médicos e hospitais polacos se recusaram a realizar um teste genético. Os médicos afirmaram que a requerente não cumpria os requisitos legais. É de salientar que as leis e regulamentos polacos eram fracos e inadequados, impondo requisitos rigorosos a quem desejasse interromper uma gravidez. Por fim, a queixosa deu à luz uma criança com síndroma de Turner. O pedido da queixosa para instaurar um processo penal contra o médico foi rejeitado. Em 2011, o tribunal considerou que a Polónia tinha violado os artigos 3.º e 8. [16]O tribunal considerou que tinha sido negado a uma mulher o acesso a testes genéticos "que lhe teriam permitido decidir se queria ou não fazer um aborto legal na Polónia".

Do mesmo modo, no processo ***VC v. Eslováquia,*** o tribunal considerou que existia uma violação do artigo 8º da Convenção. Em particular, o tribunal considerou que o procedimento médico foi efectuado sem o consentimento informado da requerente. Ou seja, a mulher não tinha compreendido a natureza do procedimento médico e as suas implicações. De facto, a requerente não teve outra opção senão consentir num procedimento médico. O tribunal considerou que o consentimento informado da mulher era necessário para garantir a sua autonomia física e moral. O tribunal considerou igualmente que a esterilização violava a integridade física de uma pessoa, uma vez que o procedimento foi efectuado quando a rapariga tinha apenas 20 anos e a vida reprodutiva tinha começado. Consequentemente, as acções dos médicos causaram problemas psicológicos e sociais à rapariga. O acórdão no processo VC contra a Eslováquia é o primeiro do género a ser proferido pelo Tribunal Europeu dos Direitos do Homem, mas estão já pendentes vários processos semelhantes. Estes casos podem ter um grande impacto na vida das mulheres que foram privadas da sua fertilidade. Espera-se que o reconhecimento da esterilização forçada como uma grave violação dos direitos humanos pelo Tribunal traga alguma justiça às vítimas, como é o caso da VC. Uma decisão judicial de discriminação enviaria um sinal claro de que os governos não podem continuar a utilizar estereótipos racistas para defender abusos disfarçados de medicina.[17].

A.S. v. Hungria (2004) Uma mulher romana de origem húngara foi submetida a uma operação de cesariana. Os médicos do hospital pediram-lhe que assinasse um formulário de consentimento para a operação enquanto ela estava deitada na mesa de operações. Os registos médicos confirmam que a queixosa se encontrava em mau estado de saúde quando assinou o formulário e que não estava em condições de exprimir a sua vontade. A terminologia latina utilizada no documento que contém o consentimento da pessoa também não era clara para a queixosa. Só depois da operação é que a queixosa compreendeu que estava a ser submetida a um procedimento de esterilização, perdendo assim a sua capacidade reprodutiva. Neste caso, a requerente alegou, com base nos artigos 10º e 12º da Convenção, que o pessoal médico não a tinha informado pormenorizadamente sobre a natureza do procedimento médico, os seus riscos e possíveis consequências. O Comité para a Eliminação da Discriminação contra as Mulheres (CEDAW) constatou as seguintes violações: 1) o direito à informação sobre o planeamento familiar; 2) o consentimento informado da pessoa para os procedimentos médicos; 3) o direito à informação sobre os serviços médicos.

O Comité adoptou uma recomendação solicitando ao Estado que indemnizasse o requerente. [18]Finalmente, com base na recomendação, o requerente recebeu uma indemnização adequada do Estado em fevereiro de 2009.

O artigo 3º da Convenção abrange um vasto leque de direitos. [19]A distinção entre estes direitos é útil para determinar o montante total da indemnização pela sua violação.

CONCLUSÃO:

Como vimos, o consentimento informado do doente tem uma história que remonta a vários séculos. Desde 1900, o conceito tem sido gradualmente introduzido e desenvolvido através de decisões judiciais em vários países. O Tribunal Europeu dos Direitos do Homem desempenhou um papel fundamental no desenvolvimento do conceito. O artigo 8.º da Convenção abrange o direito de não ser objeto de tratamentos ou exames médicos não consentidos e estabelece que "a intervenção médica obrigatória, mesmo que de menor importância" e a imposição de um exame médico constituem uma ingerência no direito à vida privada. Este direito está intimamente ligado ao direito à autodeterminação e o Tribunal Europeu dos Direitos do Homem é um instrumento poderoso que considera o consentimento informado como parte da dignidade humana, afirmando que qualquer comportamento que interfira com a integridade de uma pessoa ou com o seu sentido de autoestima pode ser considerado um ataque à sua dignidade.

Referências:

1 Murray B. Consentimento informado: o que é que um médico deve dizer a um paciente? Mentor Virtual. 2012 Jul 1;14(7):563.

2 Green DS, MacKenzie CR. Nuances do consentimento informado: o paradigma da anestesia regional. Revista HSS. 2007 Feb 1;3(1):115-8.
3 Reamer FG. Olhar para a ética: desenvolver uma política de ética para as redes sociais. Social Work Today. 2011 Jul1.
4 Escobedo C, Guerrero J, Lujan G, Ramirez A, Serrano D. Questões éticas do consentimento informado. Elizabeth Zubiate. 2007;8:1-44.
5 Stanley BM, Walters DJ, Maddern GJ. Informed consent: how much information is enough? ANZ Journal ofSurgery. 1998 Nov 1;68(11):788-

6 Manson J. N. Consentimento informado: até que ponto é suficiente a divulgação? Resumos jurídicos. Airco Inc. 1980.

7 Pieter Van Dijk, G. J. H. Van (Godefridus J. H.) Hoof, G. J. H. Van Hoof, A. W. Heringa, Theory and Practice of the European Convention on Human Rights. Kluwer law international. 2004.

8 NegriS. Autodeterminação, dignidade e cuidados no fim da vida. The regulation of living wills in an international and comparative perspective. MartinusNijhoffPublishers. SUFFER-BOSTON.2011.

Actos jurídicos/contratos:

9 Convenção Europeia para a Proteção dos Direitos do Homem

http://www.echr.coe.int/Documents/Convention ENG.pdf

10 O Código de Nuremberga.

https: //history.nih. gov/research/downloads/nuremberg.pdf

Os casos:

11 Mary E. Schloendorff, recorrente, contra The Society of the New York Hospital, recorrida. 1914.

12 Salgo v. Leland Stanford. Civ. No. 17045, First Dist. Div. One. 22 de

outubro de 1957.

13 Canterbury contra Spence. 20 de julho de 1972.

14 . Cobbs v. Grant. S.F. No. 22887, Supremo Tribunal da Califórnia. 27 de outubro de 1972. 1972.
15 Y.F. v. Turquia. ECTHR. 2003.

16 . RR/Polónia. TEDH. 2011.

17 .VC contra a Eslováquia. TEDH. 2011.
18 A.S. v. Hungria. TEDH. 2004.
19 . Tsirilis e Kouloumpas contra Grécia. TEDH. 1997.

Capítulo 3 . O papel positivo do Tribunal Europeu dos Direitos do Homem no desenvolvimento do turismo reprodutivo

Resumo

O turismo médico é uma área do turismo que tem por objetivo organizar o tratamento de cidadãos no estrangeiro. O turismo médico surgiu há relativamente pouco tempo, mas já se afirmou como um dos tipos de turismo mais populares. Combina vários domínios: Recreação, promoção da saúde, terapia, etc. [24] Segundo G. Pennings, "*nos últimos anos, o termo 'turismo reprodutivo' é cada vez mais utilizado para designar os casais que se deslocam do seu país de residência para outro país para receberem um tratamento especializado de infertilidade que não é permitido ou não está disponível no seu próprio país*". Isto significa que *os pacientes querem contornar as restrições e proibições impostas pela legislação nacional do seu país de origem e aceder a tratamentos que não estão disponíveis no seu país. Trata-se, muitas vezes, de uma consequência direta da legislação restritiva dos países de origem, pelo que deve ser regulada pela legislação desses países*".[25] A barriga de aluguer internacional ou transfronteiriça (também conhecida como turismo reprodutivo) é um contrato entre potenciais pais e uma mãe de aluguer no estrangeiro. Na maior parte dos casos, tem um carácter comercial. Isto significa que as mulheres são pagas pelos seus serviços. Em muitos países, a maternidade de substituição remunerada é proibida. Outros permitem a assunção de custos médicos razoáveis. Dezanove estados dos EUA têm leis que reconhecem a maternidade de substituição remunerada. Alguns académicos argumentam que a Índia e a Ucrânia são dois dos destinos mais populares para a barriga de aluguer comercial.[26]

Introdução

O artigo 8º da Convenção Europeia dos Direitos do Homem protege a vida privada, o domicílio e a correspondência de uma pessoa. Além disso, o

---

[24] PenningsG (2004) Legal harmonisation and reproductive tourism in Europe (Harmonização jurídica e turismo reprodutivo na Europa). Hum Reprod 19,2689-2694.

[25] Rintamo S. "Regulation of Cross-Border Surrogacy in the Light of the European Convention on Human Rights and Domestic Case Law and the Case Law of the European Court of Human Rights". Universidade de Helsínquia. 2016. p. 3.

[26] Bala N. "Os custos ocultos da decisão do Tribunal Europeu dos Direitos do Homem sobre a maternidade de substituição". The Yale Journal of International Law Online. S. 12.

conteúdo do artigo 8.º é mais vasto e refere-se, entre outras coisas, a uma série dos chamados "direitos médicos". A jurisprudência do Tribunal Europeu dos Direitos do Homem mostra que os casos de turismo reprodutivo são abrangidos pelo artigo 8. Além disso, o tribunal adopta uma abordagem liberal nesta matéria, afirmando que "o interesse superior da criança, que é regido pelo artigo 8º da Convenção, deve prevalecer". **O documento aborda uma das questões mais problemáticas relacionadas com as restrições legais internas e uma abordagem diferente da questão do Tribunal Europeu dos Direitos do Homem.**

O Tribunal Europeu dos Direitos do Homem é de opinião que os Estados têm a possibilidade, no âmbito da sua soberania, de autorizar ou proibir a maternidade de substituição. No **processo S.H. e outros contra a Áustria,** o Tribunal afirma: "O Tribunal reafirma que não é contrário aos requisitos do artigo 8.º da Convenção o facto de um Estado promulgar legislação que regula aspectos importantes da vida privada e que não prevê uma ponderação dos interesses em conflito nas circunstâncias do caso concreto. Quando se trata de aspectos tão importantes, não é incompatível com o artigo 8.º que o legislador adopte regras absolutas que sirvam o objetivo da segurança jurídica".[27] Simultaneamente, os Estados têm obrigações gerais decorrentes da Convenção, incluindo:1) o direito ou a habilitação concedidos a nível nacional devem ser efectivos; 2) a legislação relevante deve ser coerente; e 3) o direito ou a habilitação devem ser concedidos de forma não discriminatória. O Tribunal reitera que, ao avaliar o presente caso, deve ter-se em conta que a Convenção não se destina a garantir direitos teóricos ou ilusórios, mas direitos práticos e efectivos (ver *Airey contra Irlanda*, 9 de outubro de 1979, § 24, Série A n.º 32). Embora o artigo 8.º não contenha requisitos processuais explícitos, é importante para o gozo efetivo dos direitos garantidos por esta disposição que o processo de decisão em questão seja justo e tenha em devida conta os interesses que protege. É necessário verificar se, tendo em conta as circunstâncias particulares do caso e, em especial, a natureza das decisões a tomar, o indivíduo foi suficientemente envolvido no processo de decisão no seu conjunto para assegurar a necessária proteção dos seus interesses (ver, *mutatis mutandis, Hatton e*

---

[27] S.H. e outros v. Áustria. ECTHR. 2011. para. 110.
http://www.unionedirittiumani.it/wp-content/uploads/2014/11/CASE-OF-S.H.-AND-OTHERS-v.-AUSTRIA-Lpdf

outros contra o Reino Unido [GC], n.º . 36022/97, § 99, ECHR 2003-VIII).[28]
[29] Além disso, os Estados devem organizar o seu quadro jurídico no domínio da reprodução "de uma forma coerente que permita ter devidamente em conta os diferentes interesses legítimos em causa".[30] [31] Além disso, os direitos e obrigações abrangidos pelo âmbito de aplicação da Convenção devem ser reconhecidos de forma não discriminatória.[32]

No processo **Mennesson v. França,** o tribunal considerou que a recusa do registo violava o direito das crianças à família ao abrigo da Convenção Europeia dos Direitos do Homem.[33] O tribunal decidiu que "os filhos de substituição - neste caso, filhos nascidos nos EUA com cidadania americana - não devem ser impedidos de se registarem como cidadãos franceses, pois isso constituiria uma violação do seu direito ao respeito pela sua vida privada". O Tribunal de Estrasburgo considera, como é compreensível, que a nacionalidade é uma parte importante da identidade de uma pessoa.[34] **No processo Labassee contra França,** o Tribunal considerou igualmente que as autoridades francesas tinham violado o direito da criança à vida familiar ao abrigo da Convenção Europeia. O Tribunal baseou a sua decisão no direito da criança e não no direito dos pais. Ao examinar os direitos dos pais, o Tribunal considerou que os efeitos da decisão das autoridades francesas não resultaram numa interferência excessiva na vida familiar dos pais, suscetível de constituir uma violação dos seus direitos humanos.[35]

Note-se que, em ambos os casos, o Tribunal não se refere à proibição da

---

[28] Tysiac v. Polónia. ECTHR. 2007. para. 113.
http://hudoc.echr.coe.int/eng#{"Full text": ["Tysiac v.
Poland"],"documentcollectionid2":["GRANDCHAMBER","CHAMBER"],"itemid":["001-79812"]}
[29] Koffeman N.R., "Legal responses to cross-border movement in reproductive matters within the European Union". p.8.
[30] S.H. e outros v. Áustria. ECTHR. 2011. para. 100.
[31] Koffeman N.R., "Legal responses to cross-border movement in reproductive matters within the European Union". p.8.
[32] Koffeman N.R., "Legal responses to cross-border movement in reproductive matters within the European Union". p.8.
[33] MENNESSON V. FRANÇA. ECTHR. 2014. RESUMO DO PROCESSO

HTTPS://WWW.CRIN.ORG/EN/LIBRARY/LEGAL-DATABASE/MENNESSON-V-FRANCE

[34] Arden J.L. "Surrogacy: How the law is evolving in response to social change" (Barriga de aluguer: como a lei está a evoluir em resposta às mudanças sociais). OUPblog. 2015.
http://blog.oup.com/2015/02/international-surrogacy-law/
[35] LABASSEE contra FRANÇA. ECTHR. 2014. CARTA DE PROCESSO
https://www.crin.org/en/library/legal-database/labassee-v-france

maternidade de substituição transfronteiriça enquanto tal, mas às suas graves consequências. No processo *Mennenson contra França, o Tribunal afirma* que os Estados dispõem de uma *ampla margem de apreciação, não apenas para decidir se autorizam ou não a maternidade de substituição.*

O Tribunal de Justiça decidiu não só autorizar este método de inseminação artificial, mas também reconhecer ou não uma relação jurídica de filiação entre as crianças legalmente concebidas através de maternidade de substituição no estrangeiro e os pais pretendidos". [36] Além disso, o tribunal reafirmou o princípio de que "o *facto de estar em causa um aspeto essencial da identidade das pessoas quando está em causa a relação jurídica pais-filhos".*[37] Em ambos os casos, o Tribunal considerou que a proibição da maternidade de substituição prejudicava a vida familiar e a vida privada das crianças. No que diz respeito aos direitos da família, o Tribunal de Justiça observa que, tendo em conta *a amplitude dos riscos potenciais para a vida familiar dos requerentes, deve decidir a questão tendo em conta os obstáculos práticos que a família teve de ultrapassar devido à falta de reconhecimento, no direito francês, da relação jurídica de filiação entre os dois primeiros requerentes e os terceiro e quarto requerentes (v., mutatis mutandis, X, Y e Z [v. Reino Unido, 22 de abril de 1997], § 48[, Coletânea de acórdãos e decisões 1997-II]). Observa que os requerentes não alegaram a impossibilidade de ultrapassar as dificuldades que invocam e que não demonstraram que a impossibilidade de obter o reconhecimento da relação jurídica entre pais e filhos no direito francês os impediu de exercer o seu direito ao respeito da sua vida familiar em França. A este respeito, constata que os quatro puderam instalar-se em França pouco tempo depois do nascimento do terceiro e do quarto requerentes, podem aí viver juntos em condições largamente comparáveis às de outras famílias e que nada indica que a sua situação face ao direito francês os coloque em risco de serem separados pelas autoridades (ver, mutatis mutandis, Shavdarov, supra, §§ 49-50 e 56)".*[38]

Como o Tribunal declarou, o respeito pela vida privada exige que cada um possa estabelecer os pormenores da sua identidade como ser humano

---

[36] Mennensson v. França. ECTHR. 2014. para. 79.
[37] Mennensson v. França. ECTHR. 2014. para. 80.
[38] Mennensson v. França. ECTHR. 2014. para. 92.
Labassee v. França. ECTHR. 2014. para. 92.

individual, incluindo a relação jurídica entre pais e filhos ...; um aspeto essencial da identidade de um indivíduo está em causa quando está em causa a relação jurídica entre pais e filhos (ver ponto 80 supra). No estado atual do direito interno, o terceiro e o quarto requerentes encontram-se numa situação de incerteza jurídica. Embora os tribunais franceses reconheçam a existência de uma relação jurídica de filiação com o primeiro e o segundo requerentes, na medida em que esta tenha sido estabelecida ao abrigo do direito californiano, a recusa de dar qualquer efeito à decisão dos EUA e de registar as informações nas certidões de nascimento em conformidade demonstra que a relação não é reconhecida no sistema jurídico francês. Por outras palavras, embora a França saiba que as crianças foram identificadas noutro país como filhos do primeiro e do segundo requerentes, recusa-se a atribuir-lhes esse estatuto ao abrigo do direito francês. O Tribunal considera que esta contradição põe em causa a identidade das crianças na sociedade francesa.[39] No processo Campanelli/Itália, o Tribunal decidiu, por cinco votos a favor e dois contra, que uma criança nascida por barriga de aluguer no estrangeiro e as pessoas que encomendaram a criança beneficiavam da proteção do direito à vida familiar, apesar de a criança ter sido adquirida de forma fraudulenta, a título oneroso, sem qualquer relação genética e após um período de coabitação muito curto (a criança foi comprada por 49 000 euros e concebida por encomenda através de fertilização in vitro e depois por barriga de aluguer, não tendo qualquer relação biológica com o casal comprador). O Tribunal concluiu que a Itália podia recusar-se a reconhecer a filiação estabelecida na Rússia, mas que retirar a criança aos padrinhos violava o seu direito à vida privada e familiar".[40] Susan Gately observa que "o Tribunal considerou que as autoridades italianas não tinham dado importância suficiente ao interesse superior da criança ao ponderarem o interesse superior da criança em relação a considerações de ordem pública. As autoridades decidiram retirar a criança e colocá-la sob tutela porque não tinha qualquer relação biológica com os requerentes e porque estes se encontravam numa situação ilegal (ao contactarem uma agência russa para se tornarem pais e depois trazerem para Itália uma criança que alegavam ser sua, contornaram a proibição italiana de

---

[39] Mennensson v. França. ECTHR. 2014. para. 96.
Labassee v. França. ECTHR. 2014. para. 96.
[40] http://noticias.iuridicas.com/actualidad/noticias/3900-el-tedh-declara-contraria-al-convenio-europeo-de-los-derechos- humanos-la-negativa-a-reconocer-la-filiacion-a-los-hijos-nacidos-de-vientre-de-alquiler/

barriga de aluguer e as regras relativas à adoção internacional). Em especial, o Tribunal considerou que as autoridades não tinham reconhecido a relação de facto entre os requerentes e a criança e tinham imposto uma medida extrema reservada aos casos em que as crianças estavam em perigo. O Tribunal considerou que o casal tinha direito à proteção da "vida familiar", apesar de ter adquirido o bebé em violação das normas italianas e internacionais e de o ter conservado durante seis meses. O Tribunal concluiu que a Itália pode recusar o reconhecimento do vínculo entre pais e filhos estabelecido na Rússia, mas que "retirar a criança aos padrinhos viola o seu direito à vida privada e familiar".[41]

Os casos acima referidos mostram que o tribunal toma sempre as suas decisões tendo em conta o interesse superior das famílias e das crianças. O tribunal não obriga os Estados a alterarem obrigatoriamente as suas leis, mas, através das suas decisões, alivia os problemas jurídicos das famílias que enfrentam questões de registo. Desta forma, o tribunal apoia as famílias que não podem ter os seus próprios filhos biológicos e promove o desenvolvimento do turismo médico (reprodutivo).

---

[41] Gately S. "Caso italiano de barriga de aluguer vai para a Grande Câmara da CEDH". CATHOLICIRELAND.NET. 2015.

http://www.catholicireland.net/italian-surrogacy-case-referred-echr-grand-chamber/

Referências:

1) Pennings G. "Legal harmonisation and reproductive tourism in Europe" (Harmonização jurídica e turismo reprodutivo na Europa). Hum Reprod. 2004.

2) Rintamo S. "Regulation of Cross-Border Surrogacy in the Light of the European Convention on Human Rights and Domestic Case Law and the Case Law of the European Court of Human Rights". Universidade de Helsínquia. 2016. p.3.

3) Bala N. "The Hidden Costs of the Surrogacy Decision of the European Court of Human Rights". The Yale Journal ofInternational Law Online. 2014. p.12.

4) S.H. e outros v. Áustria. ECTHR. 2011. para. 110.

5) Tysiac v. Polónia. ECTHR. 2007. para. 113.

6) Koffeman N.R. "Legal responses to cross-border movement in reproductive matters within the European Union". IX. Congresso Mundial da IACL DESAFIOS CONSTITUCIONAIS: GLOBAL E LOCAL Oslo, Noruega. 2014. p.8.

7) Mennesson v. França. ECTHR. 2014. Resumo do caso.

HTTPS://WWW.CRIN.ORG/EN/LIBRARY/LEGAL-DATABASE/MENNESSON-V-FRANÇA

8) Labassee v. França. ECTHR. 2014. Resumo do caso.

https://www.crin.org/en/library/legal-database/labassee-v-france
9) Arden J.L. "Surrogacy: How the law is evolving in response to social change" (Barriga de aluguer: como a lei está a evoluir em resposta às mudanças sociais). OUPblog. 2015.

10) Gately S. "Caso italiano de barriga de aluguer vai para a Grande Câmara do TEDH". CATHOLICIRELANDNET. 2015.

Introdução

Artigo 8.º da Convenção Europeia dos Direitos do Homem - Panorama geral

O artigo 8º da Convenção Europeia dos Direitos do Homem estabelece: *(1) Qualquer pessoa tem direito ao respeito da sua vida privada e familiar, do seu domicílio e da sua correspondência. (2) Uma autoridade pública só pode interferir no exercício deste direito na medida em que essa ingerência esteja em conformidade com a lei e seja necessária, numa sociedade democrática, no interesse da segurança nacional, da segurança pública ou do bem-estar económico do país, para a prevenção da desordem ou da criminalidade, para a proteção da saúde ou da moral, ou para a proteção dos direitos e liberdades de outrem.* [42]

O artigo 8.º da Convenção protege a vida privada, o domicílio e a correspondência de uma pessoa. Além disso, o conteúdo do artigo 8.º é mais vasto e refere-se, nomeadamente, a um certo número dos chamados "direitos médicos". É de notar que a Convenção é um instrumento vivo que deve ser interpretado de acordo com as exigências modernas e a evolução do direito.[43]

Os direitos previstos no artigo 8º da Convenção não são absolutos. Podem ser restringidos se estiverem reunidas 3 condições cumulativas: 1) **A restrição deve estar prevista na lei**. Neste caso, não é suficiente cumprir os requisitos formais da lei. O requisito diz respeito ao conteúdo da própria lei. Por conseguinte, a lei deve ser de elevada qualidade. Deve regular em pormenor as condições da restrição. Ou seja, em que condições e por quem pode ser aplicada a medida restritiva. É regra geral que as restrições devem ser específicas e devem ser explicadas a uma pessoa através de uma linguagem simples, clara e não técnica. 2) **A restrição deve ter um objetivo legítimo** - ... no interesse da segurança nacional, da segurança pública ou do

---

[42] Convenção Europeia para a Proteção dos Direitos do Homem. Artigo 8.
http://www.echr.coe.int/Documents/Convention ENG.pdf

[43] Pieter Van Dijk, G. J. H. Van (Godefridus J. H.) Hoof, G. J. H. Van Hoof, A. W. Heringa, Theory & Practice of the European Convention on Human Rights (3ª ed., Kluwer Law International 1998) 77; isto significa que a Convenção "evolui" através da interpretação do Tribunal: ver LuziusWildhaber, "The European Court of Human Rights in Action" (2004) 21 Ritsumeikan Law Review 83,84.

bem-estar económico do país, para a prevenção da desordem ou da criminalidade, para a proteção da saúde ou da moral, ou para a proteção dos direitos e liberdades de outrem". 3) **A restrição deve ser necessária numa sociedade democrática**. O Tribunal Europeu dos Direitos do Homem explica o conceito de sociedade democrática com base em dois elementos: 1) **tolerância**; 2) **um amplo campo de visão**. A restrição só pode ser imposta se existir *uma necessidade social premente*". A este respeito, o Tribunal afirma que *os Estados contratantes dispõem de **uma margem de apreciação** para avaliar a existência dessa necessidade, mas que esta é acompanhada de um controlo europeu, que abrange tanto a legislação como as decisões que a aplicam, mesmo que estas tenham sido proferidas por um tribunal independente.*[44] *Do ponto de vista do Tribunal Europeu dos Direitos do Homem, as autoridades estatais são mais competentes para tratar as questões do que o próprio tribunal. O artigo 32º da Convenção estabelece: "A competência do Tribunal abrange todas as questões relativas à interpretação e aplicação da Convenção e dos seus Protocolos que lhe sejam submetidas por força dos artigos 33º, 34º, 46º e 47º".*

No processo **Sunday Times/Reino Unido,** o Tribunal de Justiça declarou: "Em primeiro lugar, *o direito deve ser suficientemente acessível: O cidadão deve poder obter uma visão global, adequada às circunstâncias, das regras jurídicas aplicáveis num caso concreto. Em segundo lugar, uma regra só pode ser considerada "lei" se for formulada com precisão suficiente para permitir ao cidadão regular o seu comportamento: O cidadão deve estar em condições - se necessário, com aconselhamento adequado - de prever as consequências que um determinado ato pode acarretar, numa medida que seja razoável tendo em conta as circunstâncias. Estas consequências não têm de ser previsíveis com certeza absoluta: a experiência mostra que isso é inatingível. Mais uma vez, embora a certeza seja altamente desejável, pode conduzir a uma rigidez excessiva e a lei deve ser capaz de acompanhar a evolução das circunstâncias. Por conseguinte, muitas leis caracterizam-se inevitavelmente por termos mais ou menos vagos, cuja interpretação e aplicação é uma questão de prática.*[45]

---

[44]Dudgeon v. Reino Unido. TEDH. 1981. parágrafo 52.
[45] Sunday Times v. Reino Unido. ECTHR. 1979, para. 49.

O artigo 8º e a proteção dos dados médicos

Os dados pessoais fazem parte da vida privada de uma pessoa. No processo **MS/Suécia,** o Tribunal considerou que *A proteção dos dados pessoais, em particular dos dados médicos, é fundamental para o direito de uma pessoa ao respeito pela vida privada e familiar, tal como garantido pelo artigo 8. A proteção da confidencialidade dos dados relativos à saúde é um princípio essencial nos sistemas jurídicos de todas as Partes na Convenção. É crucial não só para salvaguardar a privacidade do doente, mas também para manter a sua confiança na profissão médica e nos serviços de saúde em geral. A legislação nacional deve prever salvaguardas adequadas para evitar qualquer transferência ou divulgação de dados pessoais de saúde que possam ser incompatíveis com as salvaguardas do artigo 8.* [46]

A este respeito, os Estados têm obrigações negativas e positivas. Ou seja, o Estado tem o dever de não infringir este direito, mas também de tomar medidas adequadas para o proteger da interferência das autoridades estatais ou de indivíduos. Tal como referido no **processo Storck contra Alemanha:** *O Tribunal tem repetidamente declarado que um Estado é responsável quando a violação de qualquer dos direitos e liberdades definidos na Convenção é imputável ao facto de esse Estado não ter cumprido a obrigação que lhe incumbe por força do artigo 1.º de garantir esses direitos e liberdades no seu direito interno a todas as pessoas sob a sua jurisdição (ver, nomeadamente, Costello-Roberts contra o Reino Unido, acórdão de 25 de março de 2004). Reino Unido, acórdão de 25 de março de 1993, Série A n.º 247-C, p. 57, n.º 26, e Wos c. Polónia (decisão), n.º 22860/02, n.º 60, CEDH 2005-IV). Por conseguinte, o Tribunal considerou expressamente que o artigo 2.º (ver, nomeadamente, L.C.B. contra o Reino Unido, acórdão de 9 de junho de 1998, Coletânea de Jurisprudência 1998-III, p. 1403, § 36), o artigo 3, pp. 57-58, §§ 26 e 28) e o artigo 8.º da Convenção (ver, inter alia, X e Y contra os Países Baixos, acórdão de 26 de março de 1985, Série A n.º 91, p. 11, § 23, e Costello-Roberts, ibid.) exigem que o Estado não só se abstenha de violar ativamente os direitos em questão pelos seus agentes, mas também que tome medidas adequadas para garantir a proteção contra a ingerência nesses direitos, quer por agentes do Estado, quer por particulares".*

O segredo médico faz parte da vida privada do indivíduo. Neste contexto, o Tribunal afirma que *"o respeito pela confidencialidade dos dados relativos à saúde é um princípio essencial nos sistemas jurídicos de todas as partes contratantes da Convenção. É crucial não só para a preservação da privacidade do paciente, mas também para a preservação da sua confiança na profissão médica e nos serviços de saúde em geral.*

Sem essa proteção, as pessoas que necessitam de assistência médica podem ser desencorajadas a revelar informações pessoais e íntimas necessárias para receber tratamento adequado e mesmo a procurar essa assistência, pondo assim em risco a sua própria saúde e, no caso de doenças transmissíveis, a saúde do público em geral.[46] [47]

O princípio do segredo médico e a jurisprudência do Tribunal Europeu dos Direitos do Homem

I. v. Finlândia. TEDH. 2008.

Neste caso, os registos médicos privados da recorrente estavam acessíveis a outras pessoas que não precisavam deles e ela poderia ter perdido o seu emprego como enfermeira. Por conseguinte, as suas informações confidenciais foram divulgadas. No entanto, os registos médicos não foram registados. A requerente trabalhava e frequentava regularmente o hospital público finlandês, tendo-lhe sido diagnosticado o VIH. O TEDH concluiu que o Estado exercia um controlo efetivo sobre o hospital e era responsável pelo acesso aos registos médicos.

[48]O tribunal considerou que o objetivo da legislação finlandesa era "proteger os dados pessoais contra o risco de acesso não autorizado". Simultaneamente, o tribunal considerou que a aplicação estrita da lei teria, por conseguinte, constituído uma salvaguarda essencial do direito do queixoso protegido pelo artigo 8.º da Convenção, que teria permitido, nomeadamente, controlar rigorosamente o acesso e a divulgação dos registos médicos... Por seu lado, o Tribunal constata que é incontestável que o sistema em vigor no hospital no momento dos factos permitia que os processos fossem consultados por pessoal não diretamente implicado no tratamento do queixoso".[49]

De acordo com o tribunal, o artigo 8.º não só significa que o governo não

---

[46] MSv. Suécia CEDH. 1997, para. 41.
[47] Z. v. Finlândia. ECTHR. 1997. para. 95.
[48] I v. Finlândia. TEDH. 2008. para. 40.
[49] Ibid. Ponto 41.

<u>**deve interferir de forma irrazoável na privacidade dos indivíduos, mas também que o governo deve tomar medidas positivas para evitar essa interferência, como o desenvolvimento ou a implementação de sistemas de proteção de dados pessoais.**</u>

<u>**Este caso é particularmente interessante porque não se alega que houve um acesso intencional e não autorizado aos dados, mas apenas que os dados não foram corretamente fornecidos, ou seja, uma violação das obrigações positivas da Finlândia nos termos do artigo 8º da** Convenção **Europeia dos** Direitos do Homem.</u>

Armoniene contra a Lituânia. TEDH. 2008.

O marido da queixosa processou o jornal local por invasão de privacidade e foi-lhe atribuída a indemnização máxima por danos morais de 2896 euros. As informações privadas diziam respeito ao estado de VIH de B. O artigo continha as seguintes informações

A notoriamente promíscua Gitana Biriuk, de trinta anos, já contraiu esta doença mortal ...

Uma pessoa seropositiva vive numa aldeia da região de Pajiesmenys. A pessoa em questão é G. Biriuk, uma mãe solteira de dois filhos ...

O pai dos dois filhos de G. Biriuk é um residente de Paiesmeniy [aldeia] - L. Armonas...

Os médicos do Hospital Pasvalys confirmaram que G. Biriuk é seropositiva. A mulher foi hospitalizada com tuberculose. Uma análise ao sangue revelou que ela é seropositiva ...

A mulher [G. Biriuk] já foi diagnosticada com SIDA - esta é a última fase da infeção. A doença pode durar de um ano a dez anos, mas acaba por terminar em morte...

Laimis Armonas é seropositiva...
Na semana passada... o pai dos dois filhos de G. Biriuk, que vive na aldeia de Pajiesmeniy, foi levado para o hospital de Pasvalys com febre alta...
L. Armonas é outra vítima da SIDA...

Com base na aparência do doente [ou seja, L. Armonas] e nos sintomas da sua doença, os médicos suspeitaram que poderia ser seropositivo. A resposta recente do centro de luta contra a sida confirmou esta suspeita.[50]

---

[50] Armoniene contra Lituânia. TEDH. 2008. n.º 6.

A autora recorreu, alegando que o montante da indemnização era irrisório e violava o direito do seu marido a um recurso interno efetivo.[51]

O Tribunal considerou que a publicação do *artigo sobre o estado de saúde do marido da requerente, nomeadamente o facto de ser seropositivo, e a alegação de que era pai de dois filhos de outra mulher que também tinha SIDA (ver ponto 6 supra), eram de natureza puramente privada e, por conseguinte, abrangidos pela proteção do artigo 8.º (ver, por exemplo, Dudgeon v. Reino Unido, supra, § 41). O Tribunal de Justiça toma nota, em especial, do facto de a família não residir numa cidade, mas numa aldeia, o que aumenta o impacto da publicação sobre a possibilidade de a doença do marido se tornar conhecida dos seus vizinhos e familiares directos, resultando em humilhação pública e exclusão da vida social da aldeia. A este respeito, o Tribunal não vê qualquer razão para se afastar da conclusão dos tribunais nacionais, que reconheceram uma ingerência no direito à vida privada da família.*[52] Segundo o Tribunal, o único objetivo da publicação era satisfazer a "curiosidade lasciva de um certo público".[53] Na opinião do tribunal, a publicação de tal informação teve um impacto negativo sobre outras pessoas que se submeteram voluntariamente ao teste do VIH. Por conseguinte, o tribunal considerou que existia uma violação do artigo 8.º da Convenção Europeia dos Direitos do Homem.

---

[51] http://www.5rb.com/case/armoniene-v-lithuania/
[52] Armoniene contra Lituânia. TEDH. 2008. para. 42.
[53] Armoniene contra Lituânia. TEDH. 2008. para. 43.

Z v. Finlândia. ECTHR. 1997.

Z recorreu ao Tribunal Europeu dos Direitos do Homem, alegando que o seu direito à privacidade tinha sido violado quando o seu estado de VIH foi divulgado pelos meios de comunicação social no âmbito do processo penal contra o seu marido. O estado de VIH era uma das questões mais importantes no processo penal contra o marido.

Neste caso, o tribunal considerou que houve uma violação do artigo 8.º da Convenção Europeia dos Direitos do Homem, uma vez que a identidade e os dados de saúde da requerente foram divulgados e que foi recusada a prorrogação do período de confidencialidade dos seus dados médicos para além de 10 anos.[54]

CONCLUSÃO:

Os casos acima referidos mostram que a questão do sigilo médico em relação aos doentes com VIH é abrangida pelo artigo 8º da Convenção Europeia dos Direitos do Homem. Além disso, o Tribunal Europeu dos Direitos do Homem toma medidas adequadas e eficazes para proteger o direito dos doentes com VIH aos cuidados médicos. Neste sentido, dá um contributo importante para o desenvolvimento do direito nacional.

---

[54] Z. v. Finlândia. ECTHR. 1997, parágrafos 112-113.

Resumo

O papel da sociedade civil na promoção e proteção do direito pessoal à saúde na Europa está a tornar-se cada vez mais importante e dinâmico. As definições globais estão a redefinir o papel das organizações civis que vão muito além das instituições governamentais e não governamentais. A vitalidade e o âmbito mais alargado das sociedades actuais envolvem a coordenação e a organização de indivíduos e grupos que procuram promover o crescimento e o desenvolvimento de diversas comunidades. Desde a viragem do milénio, o papel das sociedades civis mudou significativamente, e muitas delas vêem-se a si próprias como defensoras, facilitadoras, prestadoras de serviços, inovadoras e organizadoras. Em apoio ao seu papel, o sector privado está a dar um enorme contributo, respondendo aos desafios identificados pelas comunidades. Consequentemente, a União Europeia e o seu Parlamento têm desempenhado um papel importante com a adoção de novas leis, bem como o Tribunal Europeu dos Direitos do Homem, que iniciou a aplicação da Convenção Europeia dos Direitos do Homem. O TEDH resolveu litígios jurídicos entre indivíduos, organizações e países com o objetivo de garantir a igualdade de cuidados de saúde. Neste contexto, as sociedades civis obtiveram grandes êxitos, uma vez que os Estados-Membros da UE adoptaram novas medidas no domínio dos cuidados de saúde que permitem a prestação de cuidados transfronteiriços aos doentes e a prestação de serviços independentemente da nacionalidade. Juntamente com um apoio financeiro estável, cada vez mais organizações da sociedade civil estão a defender melhores cuidados de saúde e a sensibilizar para os direitos de todos os cidadãos em matéria de saúde. Por conseguinte, a sociedade civil desempenha um papel crucial na aplicação do direito à proteção da saúde.

Palavras-chave: sociedade civil; ONG; CEDH; direito à saúde.

Introdução

Os direitos humanos são um aspeto crucial de qualquer sociedade, razão pela qual a sociedade civil desempenha um papel importante. Esta última refere-se a um grupo de pessoas ou organizações que partilham os mesmos interesses e que unem sempre esforços para levar a cabo as suas tarefas. É da maior importância sublinhar o papel adequado e os limites da sociedade civil em consonância com o objetivo de proteger os direitos humanos. O Estado tem sempre um mandato não só para proteger as pessoas, mas também para garantir que elas possam exercer os seus direitos. Esta tarefa implica a implementação de normas, leis e organizações que derivam a sua autenticidade da soberania e têm a capacidade de apoiar a realização dos direitos humanos (eur-lex.europa.eu, 2012). O conceito de sociedades civis engloba tanto a esfera estatal como a esfera não estatal de governação, uma vez que ocupam diferentes instituições e papéis na comunidade. Através do reforço das capacidades, estas expressões entram em jogo para aqueles que se esforçam por desenvolver os meios de superar estes flagelos para a saúde e os direitos humanos. No entanto, para grande desalento da sociedade, atitudes paradoxais estão na ordem do dia. A expansão da liberdade e o processo de democratização são sempre favorecidos pela divisão comunal, pelo entrincheiramento político e por questões de desconfiança em várias instituições e políticas, o que, dada a persistência de reflexos tirânicos, só reforça a convicção de que a sociedade civil pode suplantar os partidos políticos e o Estado sem ter um limite ou um meio de subsistência. A sua principal tarefa é opor-se ao poder, o que não deve necessariamente ser visto como oposição ao poder.Há valores fundamentais consagrados nas regras da sociedade civil (Davis, K et al., 2007). Eles decorrem, em primeiro lugar, da exigência de assegurar que cada indivíduo não só compreende os seus direitos, mas também está equipado com os conhecimentos necessários para os defender. O papel do empoderamento é inegável neste caso, em que as pessoas são vistas como relevantes para a definição e o exercício dos seus direitos humanos. Trata-se de conseguir um empowerment que inclua o interesse das pessoas pela importância dos seus direitos e oportunidades.

Revisão da literatura

Dado o estado atual da saúde nos países, há uma preocupação crescente com a perceção geral dos direitos humanos em relação à saúde pessoal. Os cuidados e a proteção das minorias, que têm menos probabilidades de ter acesso a uma cobertura abrangente, estão a tornar-se cada vez mais importantes. Isto levou a que numerosas organizações e sociedades civis se unissem para assegurar a proteção global dos direitos à saúde (Davis & Schoen, 2007). Entre os Estados europeus, há algumas sociedades desfavorecidas que tendem a ser mal servidas. Tendo em conta as violações de numerosos artigos da CEDH, cabe às sociedades civis desenvolver e aplicar medidas que garantam a proteção da saúde pública (Scott, 2005). Uma vez que é comparável imaginar uma vasta gama de material de estudo e comunidades para compreender a extensão dos problemas em causa, a questão da proteção dos direitos humanos é um requisito fundamental para as organizações governamentais e não governamentais na Europa.

Metodologia

A questão é analisada através de um método de investigação quantitativa para examinar explicitamente o grau de influência das sociedades civis nas instituições sociais. Em contraste com o comportamento previsível das organizações, as sociedades civis são, em grande medida,

capazes de melhorar as tendências discriminatórias consagradas nos direitos

humanos à proteção da saúde. **Resultados/Discussão**

Saúde pessoal significaUm dos objectivos mais importantes da
sociedade civil é a realização da justiça social, cultural e política
para todas as comunidades.

A adoção da CEDH é uma indicação clara da grande importância da

proteção dos direitos humanos. É imperativo, uma vez que o tribunal de

justiça americano institucionaliza muitas ONG para servirem em seu nome.

A violação do artigo 8.º da Convenção Europeia dos Direitos do Homem é

uma indicação clara das desigualdades na sociedade. No processo *Vines e*

outros contra Noruega (2013), foi alegado que o Estado não forneceu

informações suficientes para proibir os mergulhadores de profundidade de

se envolverem nesta atividade, uma vez que esta apresentava riscos para a

saúde. Consequentemente, considerou-se que o governo violou o artigo 8.º

da Convenção Europeia, que exige o respeito pela vida privada e familiar

(Klein, 2006). Assim, verificou-se a negligência de uma situação suscetível

de intervenção das sociedades civis (Wareham, Pencheon&Melzer, 2001).

Em represália às várias violações, as organizações de saúde consideram que

se trata de um ato de má-fé na garantia de uma assistência médica adequada

e suficiente a todas as pessoas, independentemente da sua origem ou etnia.

Este facto pode ser constatado nos dados estatísticos

Este facto pode ser observado nos dados estatísticos do Ministério da Saúde

do Reino Unido, que tem investido fortemente em questões relacionadas com

o direito à saúde pessoal.

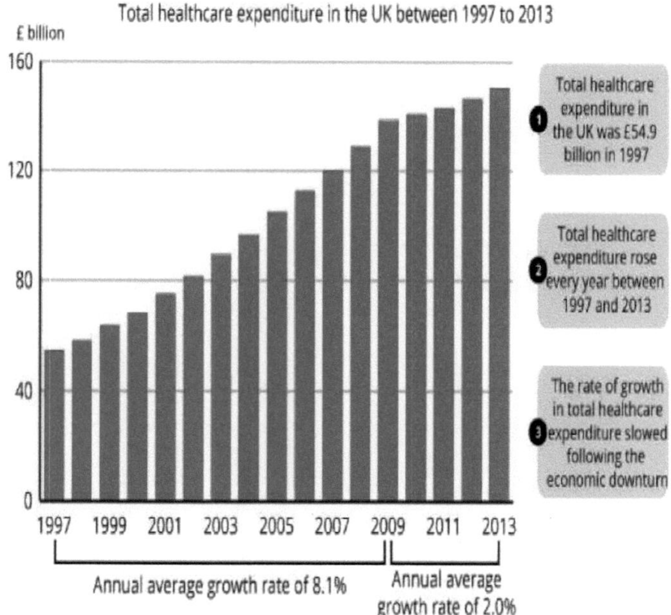

Despesas de saúde no Reino Unido

Regimes de perequação

Nas situações em que se verificam consequências graves de uma má gestão dos direitos humanos, que culminam em riscos para a saúde, aplica medidas extraordinárias dos direitos civis para garantir a apresentação de uma denúncia significativa. Em conformidade com o artigo 63º da Convenção Americana, prevê uma indemnização recomendada em caso de risco para a saúde. Relativamente aos Estados europeus, o caso *Kiyutin v.*

Rússia (2011) postula *uma* situação em que as sociedades civis podem influenciar os governos para que implementem leis rigorosas que interfiram com a vida privada no domínio da saúde, antes de chegarem a situações discriminatórias como neste caso. O Tribunal de Estrasburgo concluiu que os artigos 13.º, 15.º, 8.º e 14.º da Convenção tinham sido violados no que diz respeito ao tratamento de pessoas que vivem com VIH. Na tentativa de chegar a uma decisão, o tribunal discutiu o caso em termos dos artigos 14º e 15º, ou seja, a proibição da discriminação e o direito à vida familiar. Como resultado, muitas organizações aumentaram o número de regimes de indemnização para apoiar as pessoas que foram tratadas injustamente. Por conseguinte, este recurso abre caminho à isenção da ratificação pessoal da administração médica em vários Estados.

Conclusão/Implicações

Cortes financeiros

Em situações muito desfavoráveis, em que as sociedades civis são apanhadas entre o rótulo de comunidades libertadoras e os protocolos governamentais, foram-lhes impostas restrições financeiras. Este carácter rebelde levou a que muitas organizações fossem proibidas de operar em vários países. Em 2015, o governo finlandês avisou as ONG de um corte de 40 por cento no seu financiamento. Embora este corte estivesse relacionado com a situação económica do país, algumas organizações foram duramente atingidas, uma vez que a maior parte do seu financiamento provém do governo (eur-lex.europa.eu, 2012). Como resultado, tanto as organizações governamentais como as não governamentais tiveram de se retirar de muitas comunidades, deixando-as vulneráveis à exploração por parte de funcionários burocráticos gananciosos e indiferentes. No entanto, mesmo após numerosos cortes, as sociedades civis continuam a fazer campanha pela melhoria dos sistemas de saúde e de assistência nos Estados-Membros da UE.

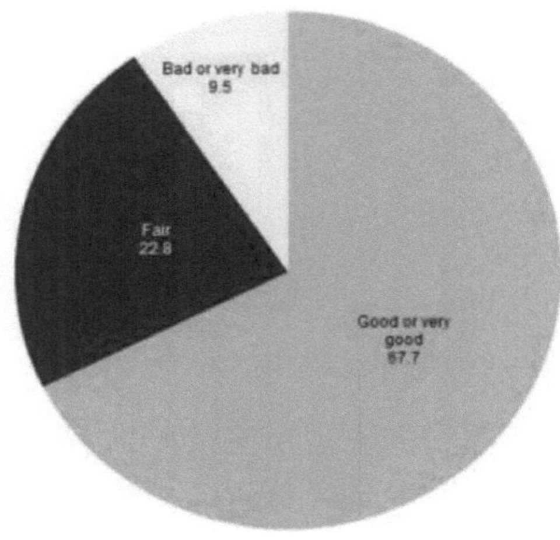

(Ham, 2004).

Decretos ou leis

No caso da União Europeia, as sociedades civis têm estado na vanguarda da defesa da adoção de direitos sanitários transfronteiriços entre Estados. De acordo com o artigo 168.º do TFUE, todos os cidadãos da UE têm direito à proteção da saúde (United Health Foundation, 2007). A Diretiva 2011/24/UE da UE criou a condição prévia necessária para a aplicação da assistência médica transfronteiriça aos doentes e tornou-a um mandato para todas as pessoas. Igualmente importante, as sociedades civis tiveram o privilégio de defender a cobertura dos doentes e a isenção de reembolso. Tudo isto é feito com base no artigo 17.º da diretiva, o que a torna uma conquista louvável no sector da saúde dos Estados-Membros da UE (eur-lex.europa.eu, 2012).

Por conseguinte, o papel das sociedades civis na proteção dos direitos à saúde pode ser considerado igualmente importante quando se consideram os êxitos alcançados por muitas comunidades através das alterações e da nova legislação. Em contraste com os poucos contratempos ao longo do caminho, muitos tiveram o apoio de particulares que procuravam uma mudança radical na proteção dos direitos à saúde para todas as pessoas.

Referências:

Davis, K. &Schoen, C (2007).State health system performance and state
health reform. HealthAffairs (Millwood), 26(6):664-666.

Davis, K et al. (2007). *Mirror, Mirror on the Wall: An International
Update on the Comparative Performance of American Health Care
[Espelho, espelho na parede: uma atualização internacional sobre o
desempenho comparativo dos cuidados de saúde americanos]*. Nova
Iorque, The Commonwealth Fund.

eur-lex.europa.eu (2012). Versão consolidada do Tratado sobre o
Funcionamento da União Europeia.Jornal Oficial da União
Europeia.Retrieved from. http://eur-
lex.europa.eu/resource.html?uri=cellar:2bf140bf-a3f8-4ab2-b506-
fd71826e6da6.0023.02/DOC_2&format=PDF

Ham, C. (2004). *Health policy in Great Britain (Política de saúde na Grã-
Bretanha)*. Londres: McMillan

Klein, R. (2006). *The New Politics of the NHS: from creation to reinvention.*
Oxford: Radcliff Publishing.

Scott, D. (2005). Remedies for Violations of the American Convention on
Human Rights (Recursos para violações da Convenção Americana
sobre Direitos Humanos). *The International and Comparative Law*

Quarterly. Vol. 44, No. 2 (abril de 1995), pp. 405-414

Wareham, N., Pencheon, D. & Melzer, D (2001) Improving the health care system, In: Pencheon, D et al. Oxford handbook of public health practice. Oxford, Nova Iorque, Oxford University Press: 276-291.

Webster, C. (2002) The National Health Service: a political history. Oxford: Oxford University Press.

Tuffs, A. (2005). A Alemanha começa a publicar relatórios hospitalares na Internet. *British Medical Journal*, 331:656.

United Health Foundation (2007). *America's health rankings: A call to action for people and their communities, edição de 2007*. Minnetonka, Minnesota, United Health Foundation.

Índice

Printed by Books on Demand GmbH, Norderstedt / Germany